ليكول - escola — 2
فواياج - viatge — 5
نقل - transport — 8
مان - ciutat — 10
الريف - paisatge — 14
مطعم - restaurant — 17
سوبرات - supermercat — 20
مشروبات - begudes — 22
ماكلة - menjar — 23
فيرما - granja — 27
دار - casa — 31
صالون - sala d'estar — 33
كوزينا - cuina — 35
الحمام - bany — 38
شمبرا تاع ذراري - cambra de nen — 42
حوايج - roba — 44
بيرو - oficina — 49
اقتصاد - economia — 51
الخدمة - oficis — 53
ليزوتي - eines — 56
آلات موسيقية - instrument de música — 57
حديقة حيوانات - zoo — 59
سبور - esports — 62
نشطات - activitats — 63
لعايلة - família — 67
الجسم - cos — 68
سبيطار - hospital — 72
ليرجونس - urgència — 76
أرض - terra — 77
ساعة - rellotge — 79
سيمانة - setmana — 80
العام - any — 81
فورما - formes — 83
الالوان - colors — 84
الضد - oposats — 85
نيميرويات - nombres — 88
اللغات - llengües — 90
شكون / علاش / كيفاش - qui / què / com — 91
وين - on — 92

Impressum
Verlag: BABADADA GmbH, Nedderfeld 112 , 22529 Hamburg
Geschäftsführer / Verlagsleitung: Harald Hof
Druck: Books on Demand GmbH, In de Tarpen 42, 22848 Norderstedt

Imprint
Publisher: BABADADA GmbH, Nedderfeld 112 , 22529 Hamburg, Germany
Managing Director / Publishing direction: Harald Hof
Print: Books on Demand GmbH, In de Tarpen 42, 22848 Norderstedt

ليكول
escola

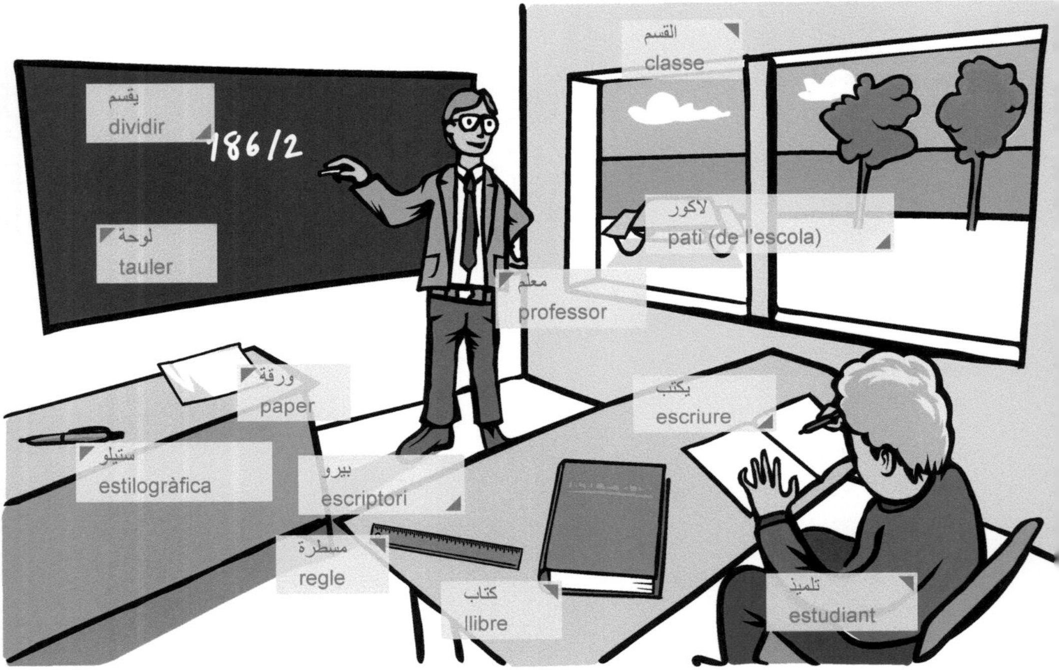

القسم
classe
يقسم
dividir
186/2
لوحة
tauler
لاكور
pati (de l'escola)
معلم
professor
ورقة
paper
يكتب
escriure
ستيلو
estilogràfica
بيرو
escriptori
مسطرة
regle
كتاب
llibre
تلميذ
estudiant

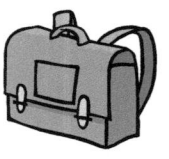

كرطاب

bossa

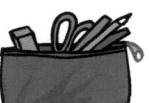

المقلمة

estoig

قلم الرصاص

llapis

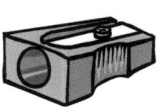

منجارة

maquineta de fer punta

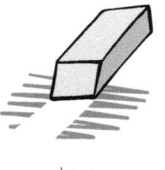

ممحا

goma

الكايي تاع الرسم

bloc de dibuix

الرسم

dibuix

البانسو

pinzell

باتير

capsa de pintures

مقص

tisores

كولا

cola

كايي تاع التمارين

quadern d'exercicis

الواجبات

deures

النيميرو

nombre

يجمع

afegir

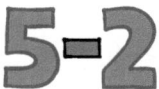

يطرح

sostreure

يضرب

multiplicar

يحسب

calcular

الحرف

lletra

الحروف

alfabet

كلمة

mot

النص

text

يقرا

llegir

طباشير

guix

الدرس

lliçó

دفتر المدرسي

llibre de classe

ليقزاما

examen

سرتفيكا

certificat

اللبة تاع ليكول

uniforme escolar

التعليم

formació

ليكسيك

enciclopèdia

الجامعة

universitat

المجهر

microscopi

الخريطة

mapa

بوبال

paperera

فواياج
viatge

Grand
اوتال
hotel
بيت الشباب
alberg
ROOMS
CHANGE
بيرة تاع الصرف
oficina de canvi
فاليزة
maleta
لولو
automòbil

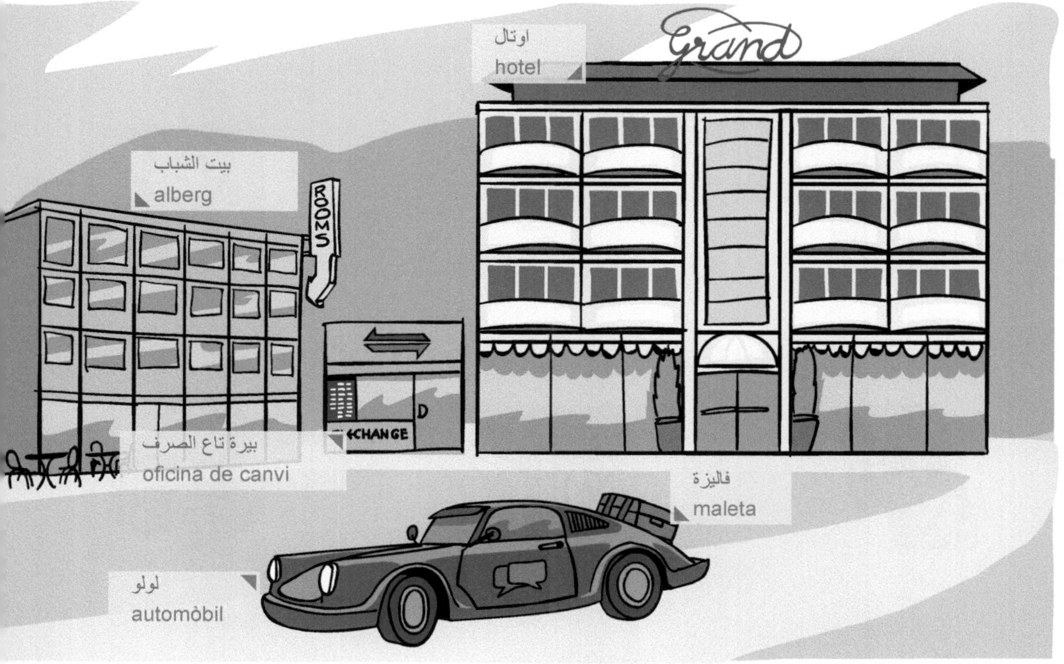

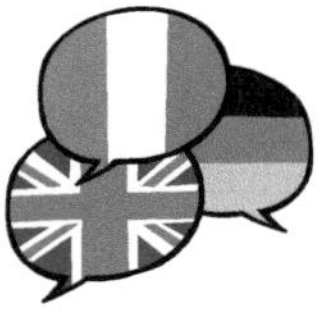

اللغة ليقصدها

llengua

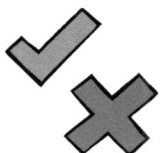

واه / لا

sí / no

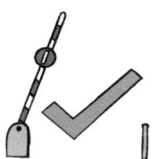

صحا

D'acord

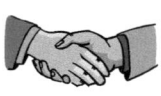

مرحبا

Ey!

طرجمان

traductora

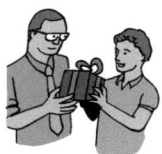

صحيت

gràcies

شعال السومة؟

Quant costa… ?

مفهمتش

No entenc

مشكيلة

problema

مسلخير

Bona nit!

صباح لخير

bon dia!

تصبح بخير

bona nit!

بسلامة

fins aviat

ديركسيو

direcció

الباقاج

bagatge

ساك

bossa

ساكادو

sarrona

ضيف

convidat

شمبرا

cambra

ساك تاع رقاد

sac de dormir

خيمة

tenda

استعلامات سياحية

oficina de turisme

بحر

platja

كارطة ناع الكريدي

carta de crèdit

فطور الصباح

esmorzar

الفطور

dinar

العشا

sopar

البيي

bitllet

أسونسير

ascensor

تامبر

segell

الحدود

frontera

الديوانة

duana

سقارة

ambaixada

فيزا

visat

باسبور

passaport

transport

طيارة
vol

بابور
vaixell

لبونبيا
automòbil dels bombers

كاميوثة
camió

بيس
bus

بوطي
llanxa de motor

لولو
automòbil

بيسكلات
bicicleta

بابو
transbordador

بوطي
barca

موطو
moto

لوطو تاع لابوليس
automòbil de policia

لوطو تاع السيباق
automòbil de curses

لوطو تاع كرية
automòbil de lloguer

لوراطا تاع كرية

vehicle compartit

كرومرو

grua

كاميو تاع الزبل

camió de les escombraries

موتور

motor

ليسونس

benzina

ستاسيون

benzineria

بانو

senyal de trànsit

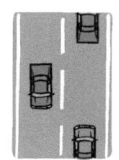

ترافيك

trànsit

سركالة

embús

باركينغ

aparcament

لاقار

estació de trens

السبيكة

vies

قطار

tren

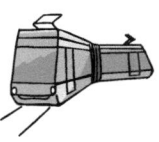

ترام

tramvia

فاغون

vagó

الهليكبتار
helicòpter

مطار
aeroport

تور
torre

مسافر
passatger

كونتنار
contenidor

كرطونة
capsa de cartó

شاريو
carretó

سلة
cistella

يقلع / يهود
enlairar-se / aterrar

مان

ciutat

قرية
poble

البلاد
centre de la ciutat

دار
casa

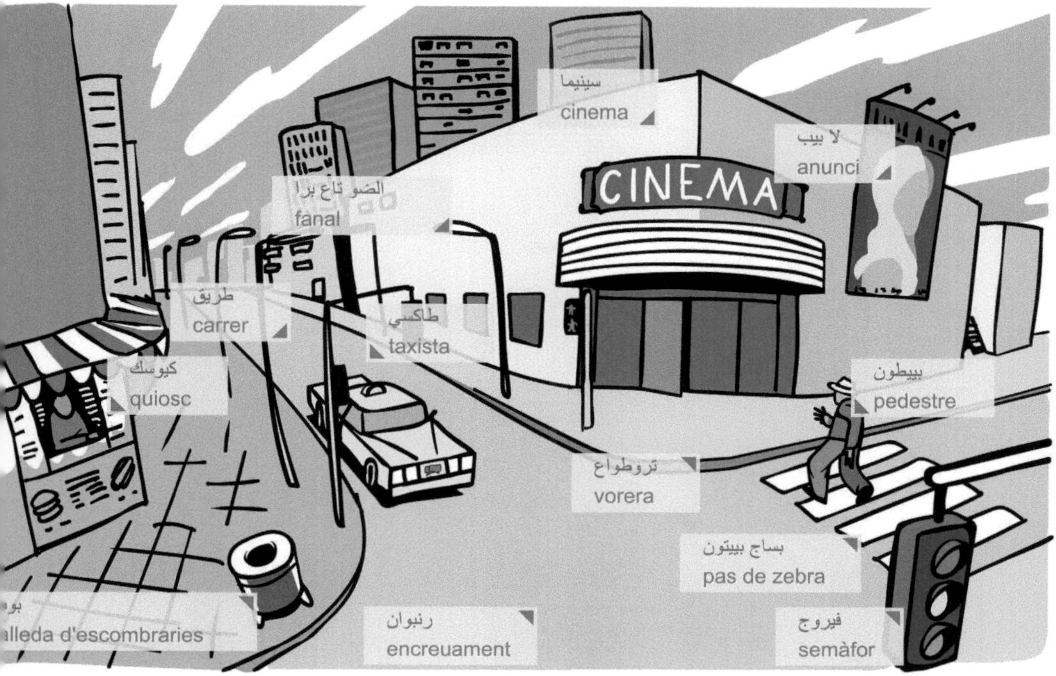

سينيما
cinema

لا بيب
anunci

الضو تاع بزا
fanal

طريق
carrer

طاكسي
taxista

كيوسك
quiosc

بييطون
pedestre

تروطواع
vorera

بساج بييتون
pas de zebra

بو
alleda d'escombraries

رنبوان
encreuament

فيروج
semàfor

كوخ
cabana

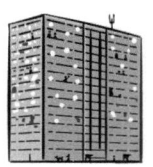

برطمان
apartament

لاقار
estació de trens

لاميري
casa de la vila-ciutat

متحف
museu

ليكول
escola

الجامعة

universitat

بانكة

banca

سبيطار

hospital

اوتال

hotel

فارماسي

farmàcia

بيرو

oficina

مكتبة

llibreria

حانوت

botiga

فلوريست

floristeria

سوبرات

supermercat

مرشي

mercat

حانوت كبير

gran magatzem

مسمكة

peixateria

سونتر كومرسيال

centre comercial

المينا

port

بارك

parc

بنك

banc

جسر

pont

درج

escala

ورّيتم

metro

لنوت

túnel

لاري تاع البيس

parada d'autobús

بار

bar

مطعم

restaurant

صندوق البريد

bústia de correu

البانوات

senyal indicador

مقياس زمن الوقوف

parquímetre

حديقة حيوانات

zoo

بيسين

piscina

جامع

mesquita

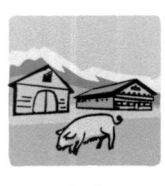

فيرما
granja

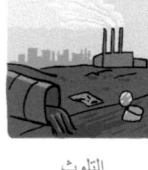

التلوث
pol·lució

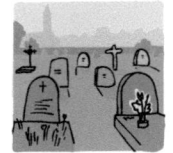

مقبرة
cementiri

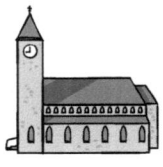

قليزية
església

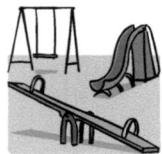

بارك
parc infantil

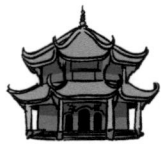

معبد
temple

الريف
paisatge

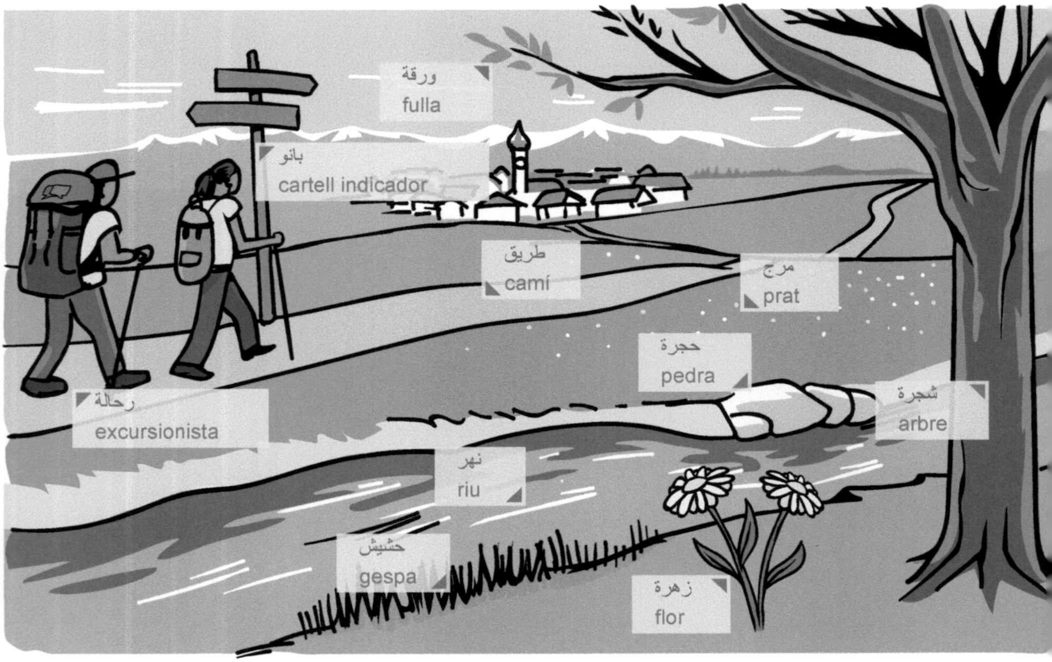

ورقة
fulla
بانو
cartell indicador
طريق
camí
مرج
prat
حجرة
pedra
رحالة
excursionista
شجرة
arbre
نهر
riu
حشيش
gespa
زهرة
flor

واد
vall

جبل
muntanya

بحيرة
llac

غابة
bosc

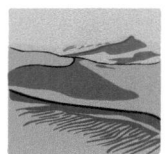

صحرا
desert

بركان
volcà

شاطو
castell

قوس قزح
arc de Sant Martí

فِطر
bolet

نخلة
palmera

ناموسة
moscard

ذبانة
mosca

نملة
formiga

نحلة
abella

رتيلة
aranya

خنفوس

escarabat

جرانة

granota

سنجاب

esquirol

قنفود

eriçó

قنينة

llebre

بومة

òliba

زاوش

ocell

بجعة

cigne

حلوف

senglar

عزالة

cervo

إلكة

ant

سد

presa

الطاحونة

turbina

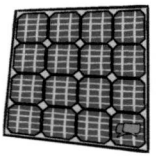

خلية شمسية

panell solar

كليما

clima

مطعم

restaurant

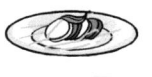

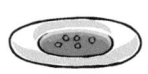

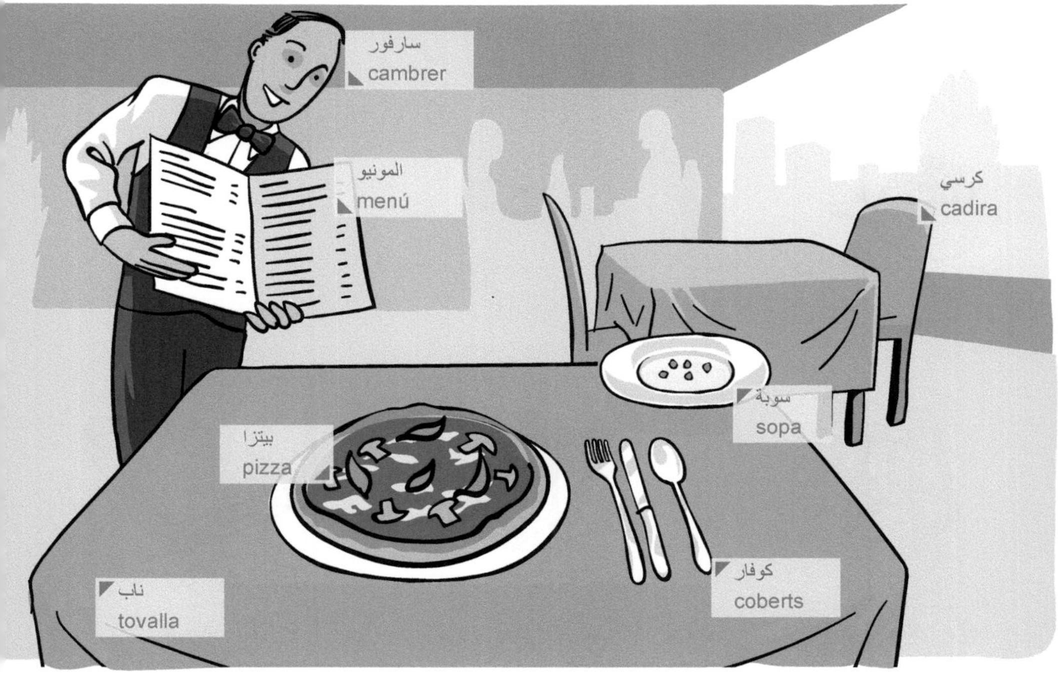

سارفور
cambrer
المونيو
menú
كرسي
cadira
سوبة
sopa
بيتزا
pizza
كوفار
coberts
ناب
tovalla

اوردوفر
....
primer plat

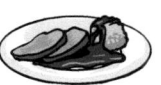

الطبق الرئيسي
....
plat principal

ديسار
....
darreries

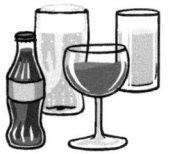

مشروبات
....
begudes

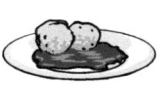

ماكلة
....
menjar

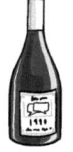

القرعة
....
ampolla

فاست فود
....
menjar ràpid

ماكلة نديه معايا
....
menjar de carrer

براد اتاي
....
tetera

سكرية
....
sucrer

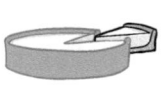

طرف
....
porció

ماشينة تاع اكسبريسو
....
màquina d'espresso

كرسي عالي
....
trona

فاتورة
....
factura

سني
....
plata

خدمي
....
ganivet

فرشيطة
....
forqueta

مغيرفة
....
cullera

مغيرفة تاع لاتاي
....
cullereta

سربيتة تاع الطابلة
....
tovalló

كاس
....
got

مطعم - restaurant

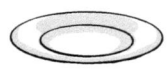

طبسي

plat

بول

plat de sopa

طبسي تاع الفنجال

plateret

لاصوص

salsa

القوطي تاع الملح

saler

طحان تاع الحرور

molinet de pebre

خل

vinagre

زيت

oli

ليزيبيس

espècies

كتشوب

quètxup

موطارد

mostassa

مايونيز

maionesa

سوبرات

supermercat

بروموسيو
oferta especial
FOR
كلويون
client
مشتقات الحليب
productes lactis
فاكية
fruites
شاريو
carret de la compra

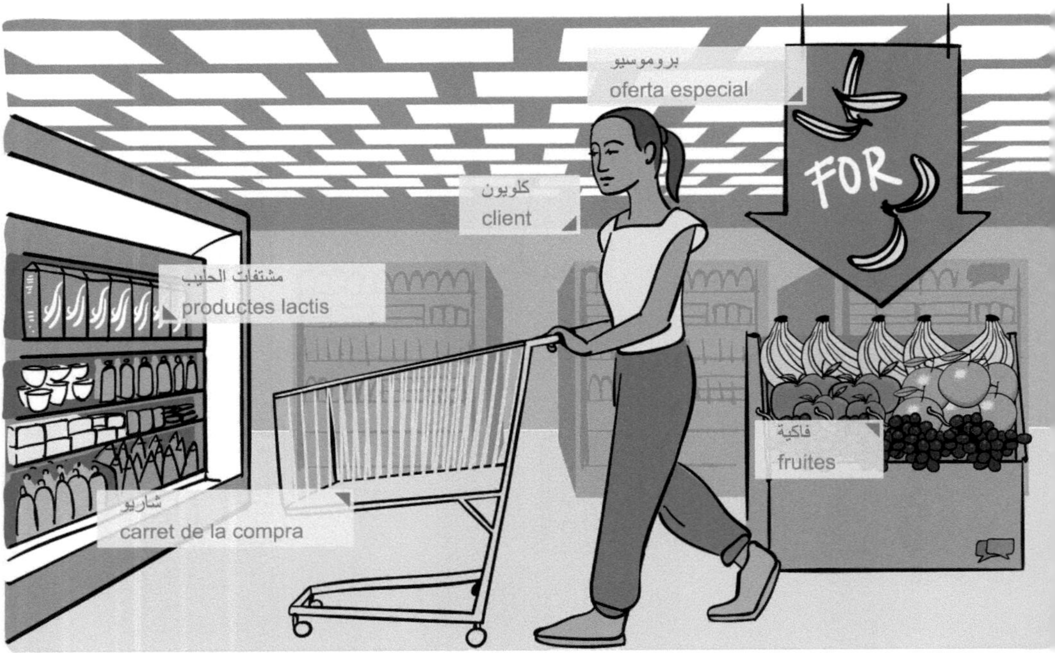

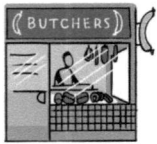

BUTCHERS

بوشي

carnisseria

BAKERY

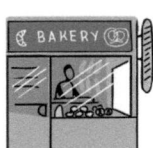

بولونجي

forn de pa

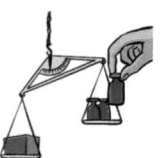

يوزن

pesar

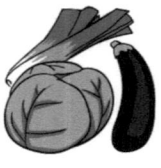

خضار

verdures

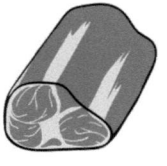

لحم

carn

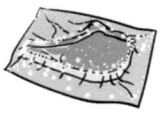

سيرجولي

menjar congelat

كاشير

carn freda

كونسارف

conserves

لبسيل تاع ومو الاو

detergent en pols

الحلويات

dolços

صوالح الدار

articles domèstics

ديتارجو

productes de neteja

فوندوز / خدامة فالحانوت

venedora

لاكاس

caixa registradora

كاسيي

caixera

ليستا تاع الشري

llista de la compra

سوايع الخدمة

horari d'obertura

تزّداتم

portamonedes

كارطة ناع الكريدي

carta de crèdit

ساك

bossa

بوررسة

bossa de plàstic

الما

aigua

جو

suc

حليب

llet

كوكا

coca-cola

الشراب

vi

البيرة

cervesa

شراب

alcohol

كاكاو

cacau

لاتاي

te

قهوة

cafè

اكسبريسو

espresso

كابوتشينو

cappuccino

بانانة

banana

تفاح

poma

تشّينا

taronja

بطيخ

síndria

ليم

llimona

كروطة / زرودية

pastanaga

ثوم

all

بانبو

bambú

بصل

ceba

شانبينينو

bolet

بندق

avellanes

ليبات

fideus

سباقيتي

espaguetis

روز

arròs

سلاطة

amanida

ليفريت

patates fregides

ليفريت

patates fregides

بيتزا

pizza

هانبورقر

hamburguesa

سندويش

entrepà

اسكالوب

escalopa

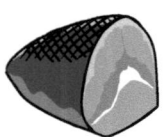

لحم الحلوف

cuixot

سامي

salami

مرقاز

salsitxa

جاجة

pollastre

لحم مشوي

rostit

حوت

peix

ماكلة - menjar

شوفان

flocs de civada

موسلي

musli

كورن فلكس

cereals

فرينة

farina

كرواسون

croissant

خبيزة

panet

الخبز / كسرة

pa

خبز محمر

torrada

بيسكوي

bescuits

زبدة

mantega

لبن

mató

قاطو

pastís

بيض

ou

بيض مقلّي

ou fregit

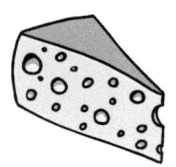

فرماج

formatge

لاكرام

gelat

سكر

sucre

عسل

mel

كونفتير

melmelada

نوقا

crema de xocolata

الكاري

curri

فيرمة
granja

مخزن
graner

رزمة تاع تبن
bala de palla

حقل
camp

عود
cavall

قنطرة
remolc

جرار
tractor

مهر
poltre

حمار
ase

خروف
xai

كبش
ovella

معزة
cabra

بقرة
vaca

عجل
vedella

حلوف
porc

حلوف صغير
garrí

طورو
bou

وزة

oca

بطة

ànec

فلوس

poll

جاجة

gall

سردوك

gallina

طوبا

rata

قطة

gat

فأر

ratolí

ثور

bou

كلب

gos

دار الكلب

gossera

تييو

mànega de regar

إبريق

regadora

منجل

dalla

محراث

arada

منجل

falç

الفَاس

aixada

مذراة الزبل

forca

شاقور

destral

برويطة

carretó

معلف

abeurador

قابة تاع حليب

lletera

ساشيا

sac

سياج

tanca

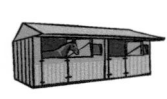

صطبل

establa

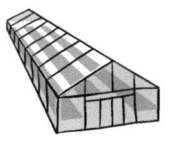

بوطاجي

hivernacle

تراب

sòl

بذور

llavor

سماد

adob

حصادة

collidora

يحصد
....
collir

الغلة
....
collita

بطاط
....
nyam

قمح
....
blat

صويا
....
soja

بطاطا
....
patata

مابيس
....
blat de moro o d'indi

سلجم
....
colza

شجرة تاع فاكية
....
arbre fruiter

منيهوت
....
mandioca

الخبوب
....
cereals

دار

casa

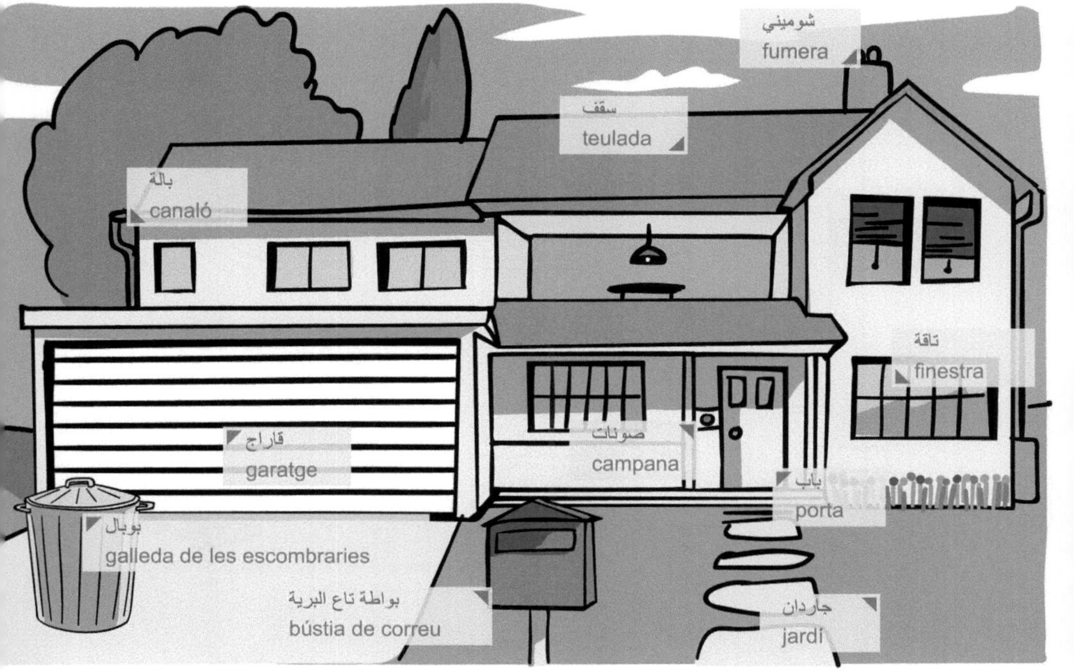

شوميني
fumera
سقف
teulada
بالة
canaló
تاقة
finestra
قاراج
garatge
صونات
campana
باب
porta
بوبال
galleda de les escombraries
بواطة تاع البرية
bústia de correu
جاردان
jardí

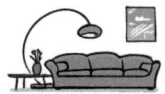

صالون

sala d'estar

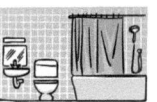

الحمام

bany

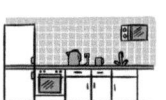

كوزينا

cuina

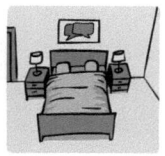

شامبرا تاع رقاد

cambra de dormir

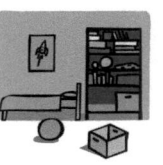

شمبرا تاع ذراري

cambra de nen

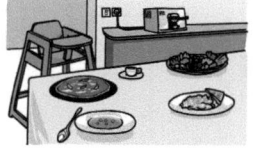

صالة مونجي

menjador

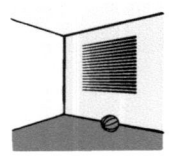

لرض
....
sòl

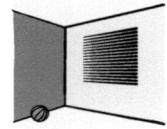

حيط
....
paret

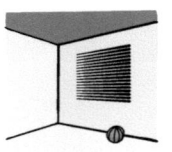

بلافو
....
sostre

كافا
....
soterrani

سونا
....
sauna

بالكون
....
balcó

تيراسة
....
terrassa

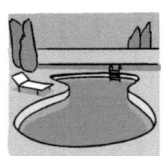

بيسين
....
piscina

جزارة تاع حشيش
....
tallagespa

سواا
....
vànova

كووات
....
cobrellit

ناموسية
....
llit

مصلحة
....
escombra

بيدو تاع صليح
....
galleda

انتَغبتور
....
interruptor

casa - دار

صالون

sala d'estar

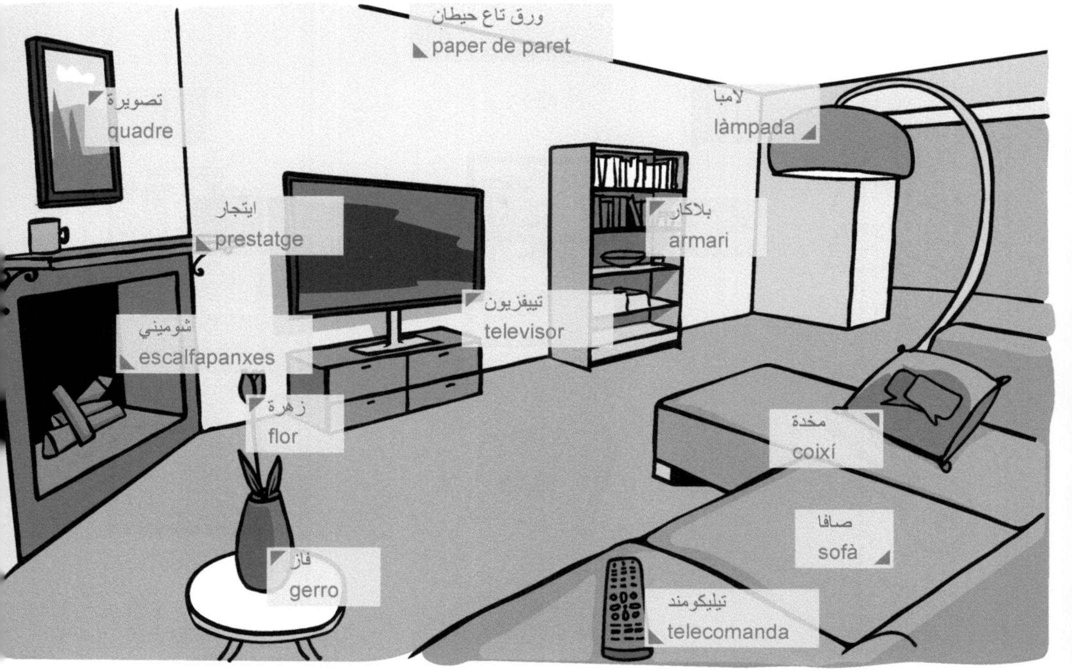
ورق تاع حيطان
paper de paret
تصويرة
quadre
لامبا
làmpada
ايتجار
prestatge
بلاكار
armari
تيفزيون
televisor
شوميني
escalfapanxes
زهرة
flor
مخدة
coixí
صافا
sofà
فاز
gerro
تيليكومند
telecomanda

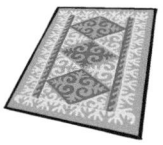

طابي

catifa

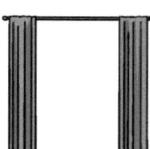

ريدو

cortina

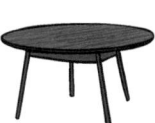

طابلة

taula

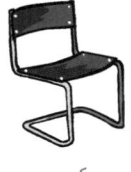

كرسي

cadira

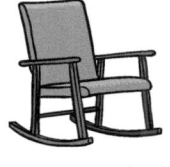

كرسي يبوجي

cadira gronxadora

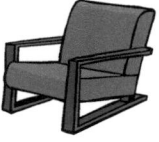

فوتاي

cadiral

كتاب
llibre

طوفيرطة
llençol

زواق
decoració

الحطب
llenya

فيلم
film

الستيريو
cadena de música

مفتاح
clau

جرنان
diari

كادر
pintura

بوستار
cartell

راديو
ràdio

كناش
bloc de notes

اسبيراتور
aspiradora

صبار
cactus

شمعة
candela

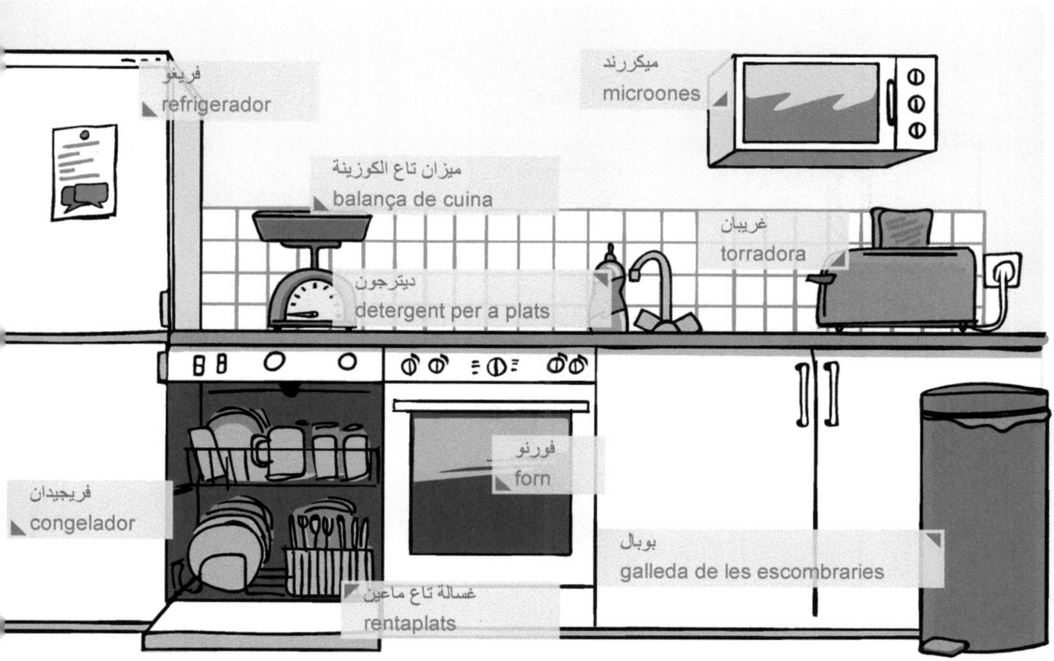

فريغر
refrigerador

ميكرزند
microoones

ميزان تاع الكوزينة
balança de cuina

غرييان
torradora

ديترجون
detergent per a plats

فورنو
forn

فريجيدان
congelador

بوبال
galleda de les escombraries

غسالة تاع ماعين
rentaplats

الفور
cuina de fogons

قدرة
olla

مرميطا
olla de ferro colat

طاوة غامقة
wok / karahi

مقلة
paella

غلاية
bullidor

قدرة

olla de vapor

سني

plata de forn

ماعين

vaixella

قوبلي

tassa grossa

طبسي

bol

مطارق تاع الماكلة

bastonets xinesos

لوشة

culler

سباتولة

espàtula

الضرابة

batedor

كسكاس

colador

صفاية

sedàs

راب

ratllador

مهراز

morter

ثواية

barbacoa

موقد

foc a terra

شاونونبل

taula de tallar

لولو

corró

الحلال

llevataps

قابسة

pot de conserva

الحلال

obridor

كتان

agafador

لابافو

aigüera

بروسة

raspall

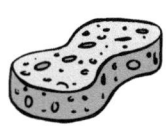

بونجة

esponja

الخلاط

batedora

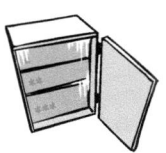

فريغو

congelador

بيبيرونة

biberó

سبالة

aixeta

الحمام

bany

شوفاج
calefacció
سربيتة
tovallola
دوش
dutxa
ريدو تاع لادوش
cortina de dutxa
حمام بالرغوة
bany de bombollles
بنوار
banyera
كاس
got
غسالة تاع حوايج
rentadora
سبالة
aixeta
كرلاج
rajoles
لبو
orinal
لافابو
aigüera

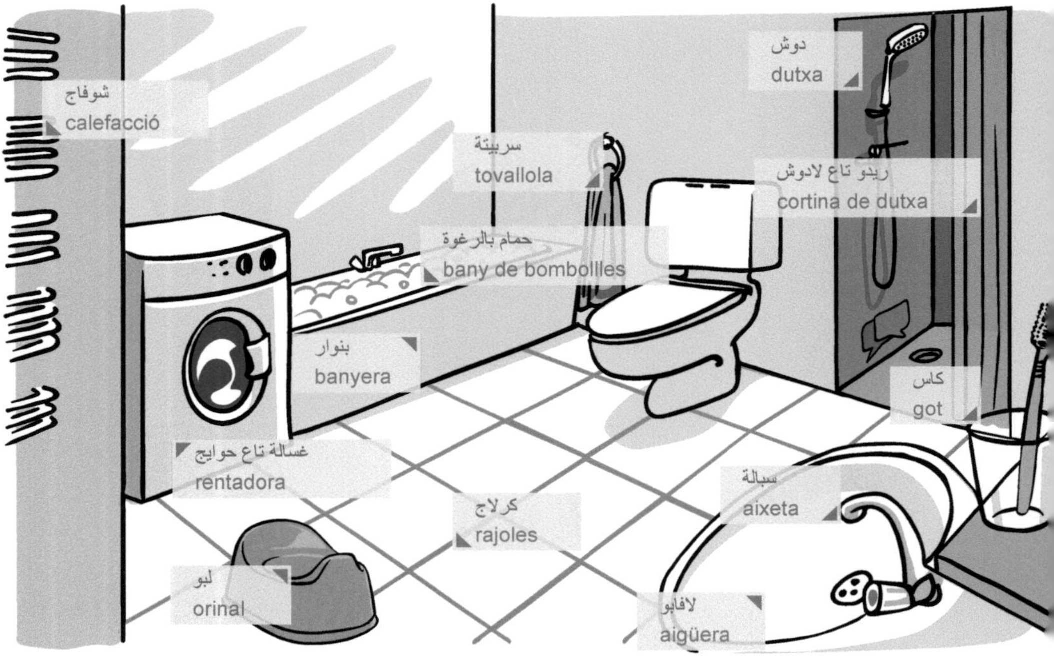

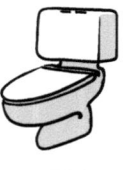

توالات

lavabo

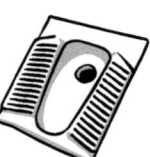

توالات تركي

lavabo turc

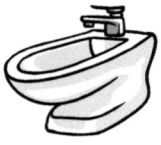

غسال الرجلين

bidet

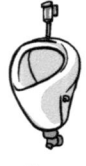

مبولة

orinador

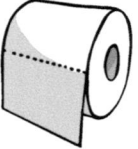

ورق تاع توالات

paper higiènic

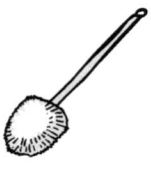

بروسة تاع توالات

escombreta de sanitari

بروسدون

raspall de dents

سيرفغرنتدو

pasta de dents

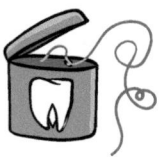

خيط السنان

fil dental

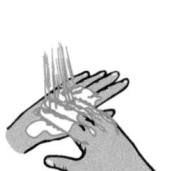

يغسل

rentar

شدوع تاع شاتدو

pom de dutxa

دوشات

dutxa íntima

لافابو

rentamans

بروسا تاع الظهر

raspall per a l'esquena

صابون

sabó

شدو جال

gel de dutxa

شنبوان

xampú

الحبل

manyopla de bany

سوقاد

bonera

بومادة

crema

ديودورون

desodorant

مراية

mirall

مراة صغيرة

mirall-espill de mà

رازوار

maquineta de rasar

لاموس

espuma de barbejar

كولون

loció post-rasada

مشطة

pinta

بروسة

raspall

سشوار

eixugador

مثبت الشعر

laca

مكياج

maquillatge

روجالافر

pintallavis

فرني

esmalt d'ungles

قطن

cotó

كوبنغل

tallaungles

ريحة

perfum

تروسة تاع حمام

estoig de bellesa

طابوري

tamboret

ميزان

bàscula

بينوار

barnús

ليغونات تاع النيتواياج

guants de goma

تمبون

compresa higiènica

ليبوند

compresa

توالات

sanitari químic

شمبرا تاع ذراري

cambra de nen

ريفاي
despertador
نونورس
animal de peluix
لوطو جوي
auto de joguina
الخشخاش
sonall
دار تاع بوبيات
casa de nines
كادو
present

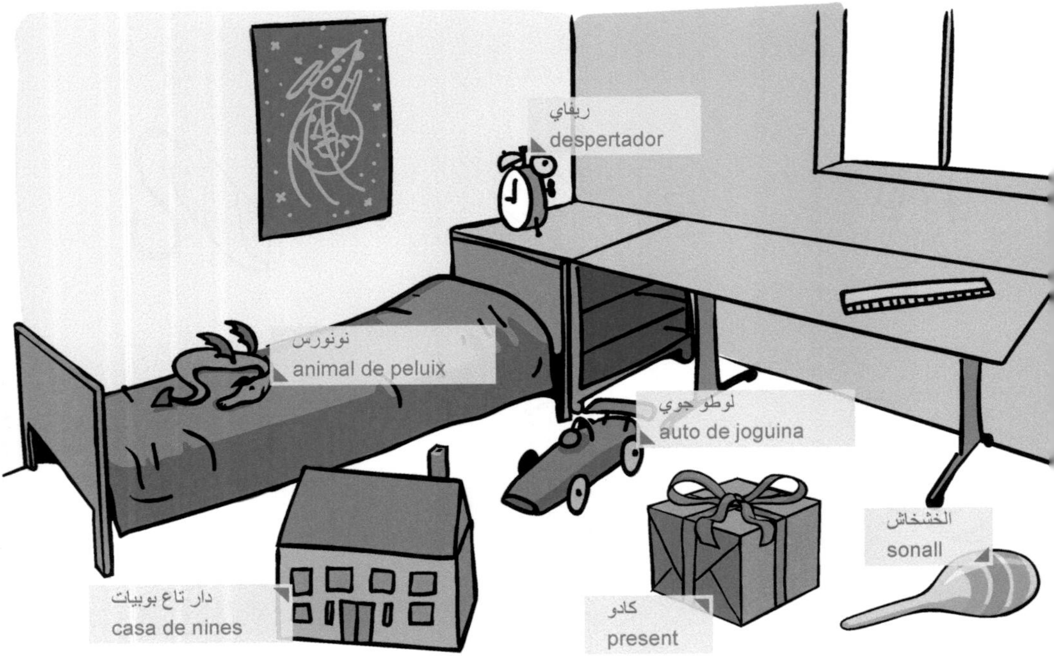

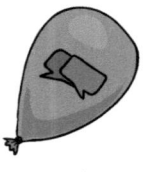

بالونة / نسافة

baló

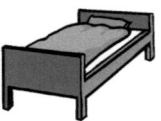

ناموسية

llit

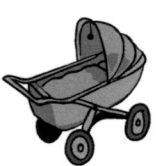

بوسات

cotxet per a nens

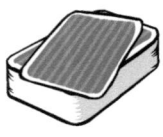

الكارطة

joc de cartes

البوزيل

trencaclosca

SUPER
MEGA

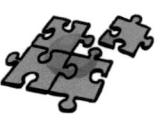

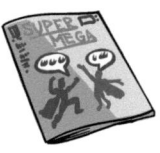

بوند ديسيني

historieta

الليغو

peces de lego

حجر يبنوه

peces de construcció

بوبية

ninot d'acció

لبسة تاع البيبي

granota

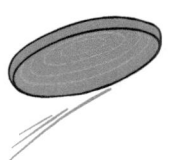

فريزي

frisbee

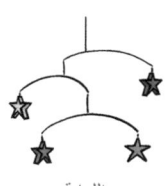

اللهاية

mòbil per a bressol

لعبة الطابلة

joc de taula

الدي

daus

التران

tren elèctric

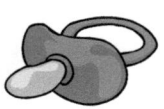

سوسات

xumet

حفلة / الفيشطة

festa

كتاب بتصاوير

llibre de dibuixos

بالون

pilota

بوبية

nina

يلعب

jugar

بارك بالرملة
....
sorrera

بنصوار
....
gronxador

جوي
....
joguines

منيطا
....
consola de jocs de vídeo

بيسكلات
....
tricicle

دبدوب
....
osset de peluix

ماريو
....
armari

تقاشر
....
mitjons

ليبا
....
mitges

كولو
....
mitja pantaló

شال
tapacoll

بريلوي
paraigua

حزام
cintura

تريكو
camiseta

تينيسا / سيردينا
sabates d'esport

بوط
botes

بنتوفلا
plantofes

صندالة
....
sandàlies

صباط
....
sabates

بوط بلاستيك
....
botes de goma

كالسون
....
calçonets

سوتيان
....
sostenidor

حويج تاع داخل
....
guardapits

لاسق على الجسم

jjustacòs

سروال

pantalons

جين

jeans

جيبا

faldeta

طابلية

brusa

قمجة

camisa

تريكو

jersei

قارديقون

dessuadora

بلازار

blazer

فيستا

jaqueta

بالطو

mantell

بالطو

impermeable

كوستيم

vestit de dona

روبا

vestit de dona

روب بلونش

vestit de núvia

كوستيم

vestit d'home

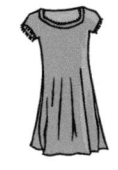

شوميز دونوي

camisa de dormir

بيجاما

pijama

ساري

sari

حجاب

mocador de cap

عمامة

turbant

برقع

burca

قفطان

caftan

عباية

abaia

مايو

vestit de bany

سروال تاع عوم

calçon(et)s de bany

ثورت

pantalons curts

لبسة تاع سبور

xandall

طابلية

davantal

ليقونات

guants

قفلة

botó

نواظر

ulleres

براسلي

braçalet

سنسلة

collaret

خاتم

anell

منقوش

orellera

بوني

casquet

سانتر

penjador

شابو

capell

قرافاطة

corbata

غيمة

cremallera

كاسك

casc

بروتال

elàstics

اللبة تاع ليكول

uniforme escolar

لينيفورم

uniforme

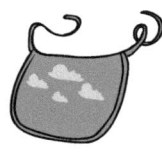

رياقة
pitet

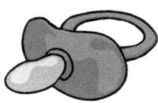

سوسات
xumet

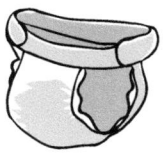

ليكوش
bolquer

بيرو
oficina

سارفر
servidor
خزانة تاع الملفات
armari arxivador
امبريمانت
impressora
ورقة
paper
ليكرون
monitor
بيرو
escriptori
لاسوري
ratolí
كلاسور
arxivador
كلافيي
teclat
بوبال
paperera
كرسي
cadira
اوردیناتور
ordinador

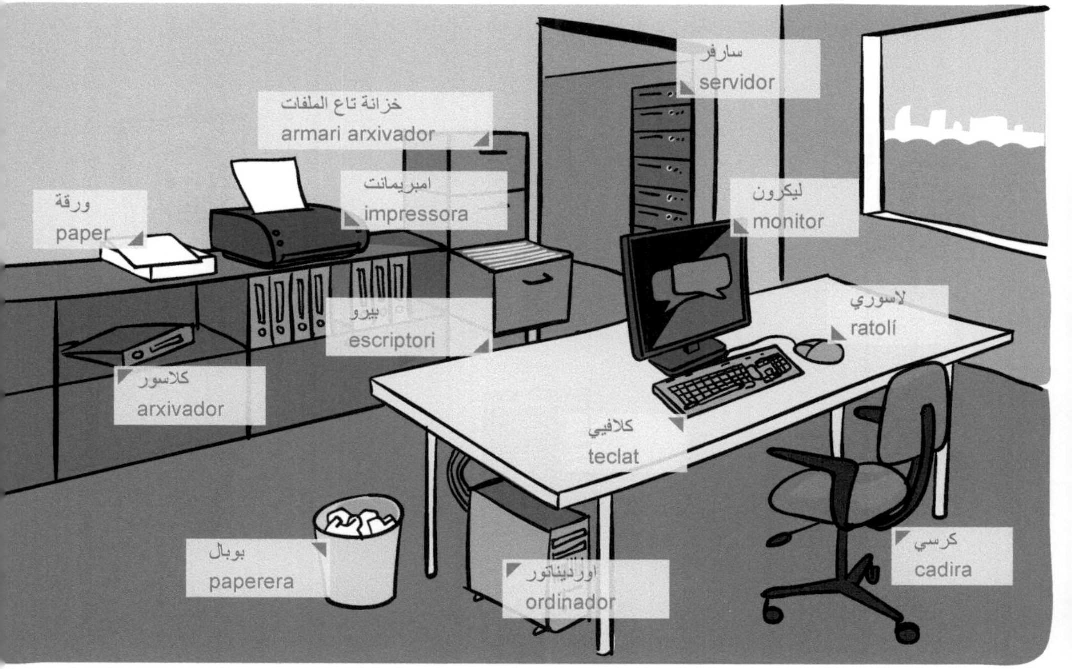

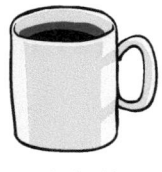

كاس قهوة
tassa de cafè

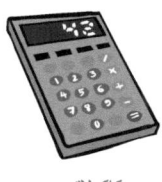

كاكولاتريس
calculadora

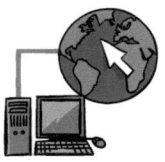

لانترنت
Internet

اورديناتور

ordinador portàtil

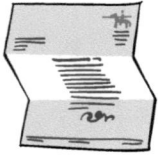

برية

lletra

ميساج

missatge

بورطابل

mòbil

ريزو

xarxa

فوطوكوبي

fotocopiadora

لوجسيال

programari

تيلفون

telèfon

بريزة

presa de corrent

فاكس

fax

استمارة

formulari

وثيقة

document

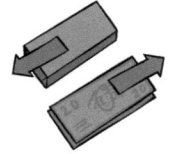

يشري

comprar

يخلص

pagar

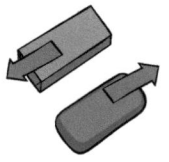

يتاجر

comerciar

دراهم

diners

دولار

dòlar

اورو

euro

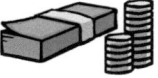

ين

ien

روبل

ruble

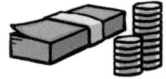

فرنك سويسري

franc suís

يوان

renminbi

روبية

rupia

ديستريبيوتور

caixa automàtica

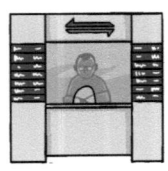

بيرة تاع الصرف
oficina de canvi

ذهب
or

فضة
argent

نفط
petroli

طاقة
energia

السومة
preu

عقد
contracte

طاكس
impost

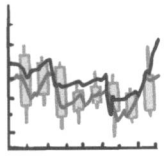

سهم
acció

يخدم
treballar

خدام
treballador

مول الشي
empresari

وزين
fàbrica

حانوت
botiga

اقتصاد - economia

الخدمة
oficis

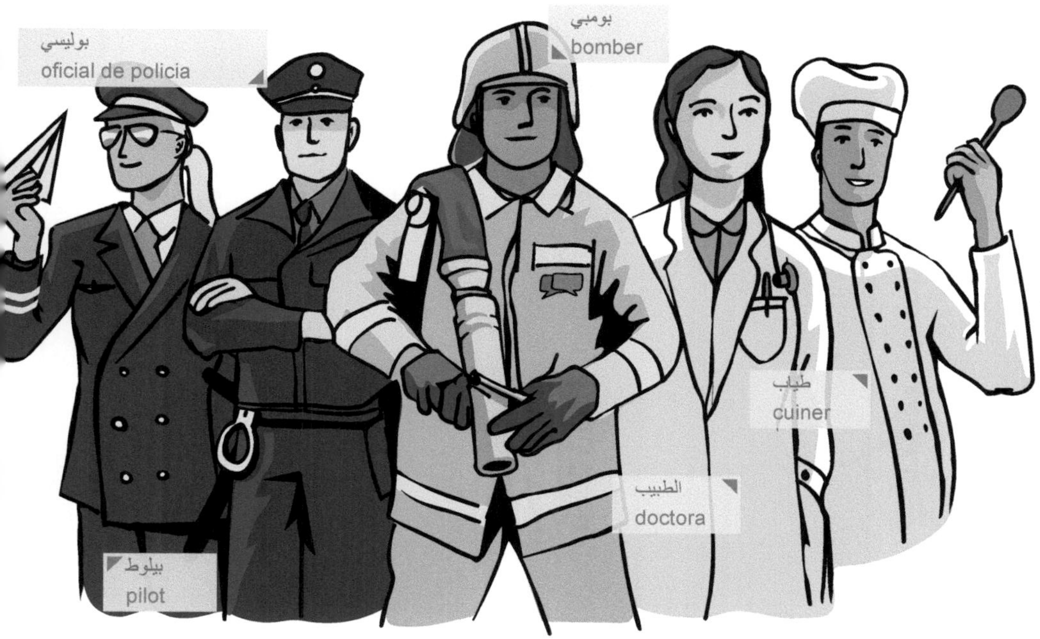
بوليسي
oficial de policia
بومبي
bomber
طياب
cuiner
الطبيب
doctora
بيلوط
pilot

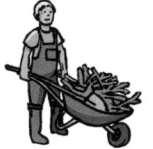

جرديني

jardiner

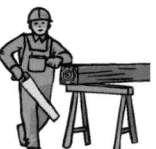

نجار

fuster

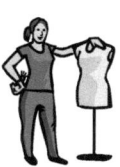

خياط

costurera

قاضي

jutge

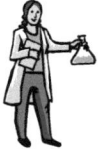

شيميك

química

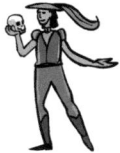

ممثل

actor

شوفير

conductor d'autobús

طاكسيور

taxista

صياد

pescador

خدامة

dona de la neteja

ماصو تاع الصقف

ensostrador

سارفور

cambrer

صياد

caçador

بنتار

pintor

خباز

forner

الكتريسيان

electricista

ماصون

obrer de la construcció

مهندس

enginyer

بوشي

carnisser

بلومبي

llanterner

فاكتور

correu

جندي

soldat

ارشيتكت

arquitecte

كاسيي

caixera

بياع اورد

florista

كوافير

perruquer

الكنترول

revisor

ميكانيسيان

mecànic

كابيتان

capità

طبيب سنان

dentista

عالم

científic

حاخام

rabí

امام

imam

موان

monjo

موان

capellà

ليزوتي

eines

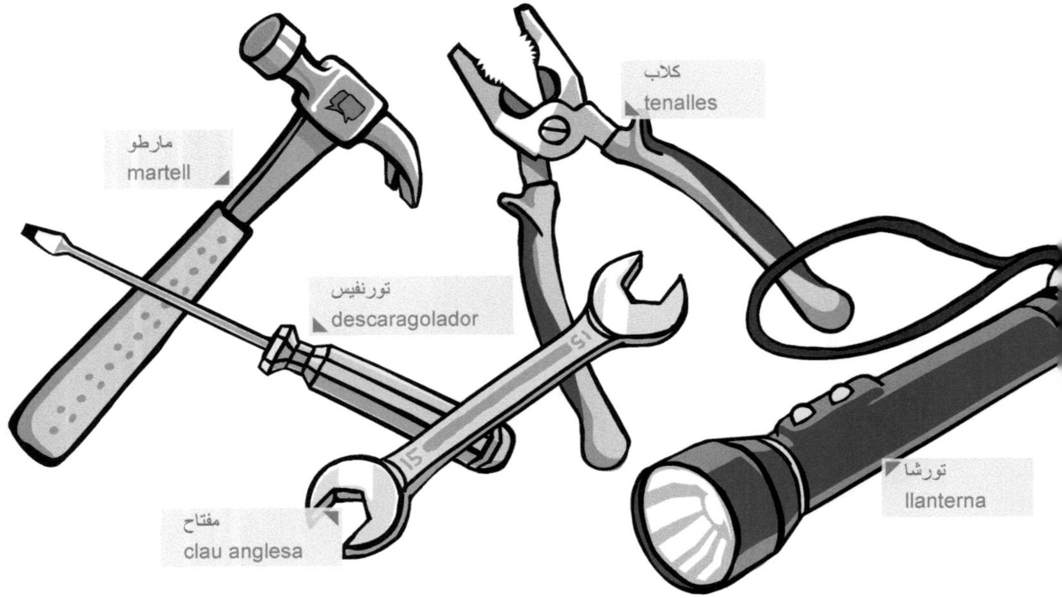
كلاب
tenalles
مارطو
martell
تورنفيس
descaragolador
تورشا
llanterna
مفتاح
clau anglesa

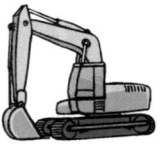

جرافة

excavadora

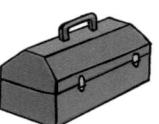

قايصة نتاع ليزوتي

caixa d'eines

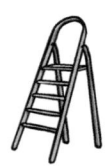

سلوم

escala

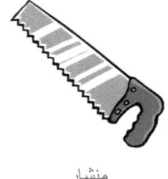

منشار

serra

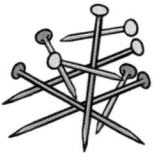

مسامير

claus

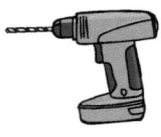

برسوز

trepant

يصنع

reparar

البالة

pala

ياويلي

Maleït siga!

بالا

pala

بو تاع بنتورة

pot de pintura

ليفيس

caragols

آلات موسيقية

instrument de música

مكير الصوت
altaveu

آلات الإيقاع
bateria

غيتارة
guitarra

كمان أجهر
contrabaix

بوق
trompeta

بيانو

piano

كمنجة

violí

جهير

baix

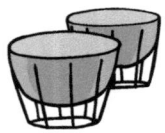

طبل كبير

timbal

طبل

tambor

بيانو كهربائي

teclat

ساكسوفون

saxofon

ناي

flauta

ميكروفون

micròfon

حديقة حيوانات

zoo

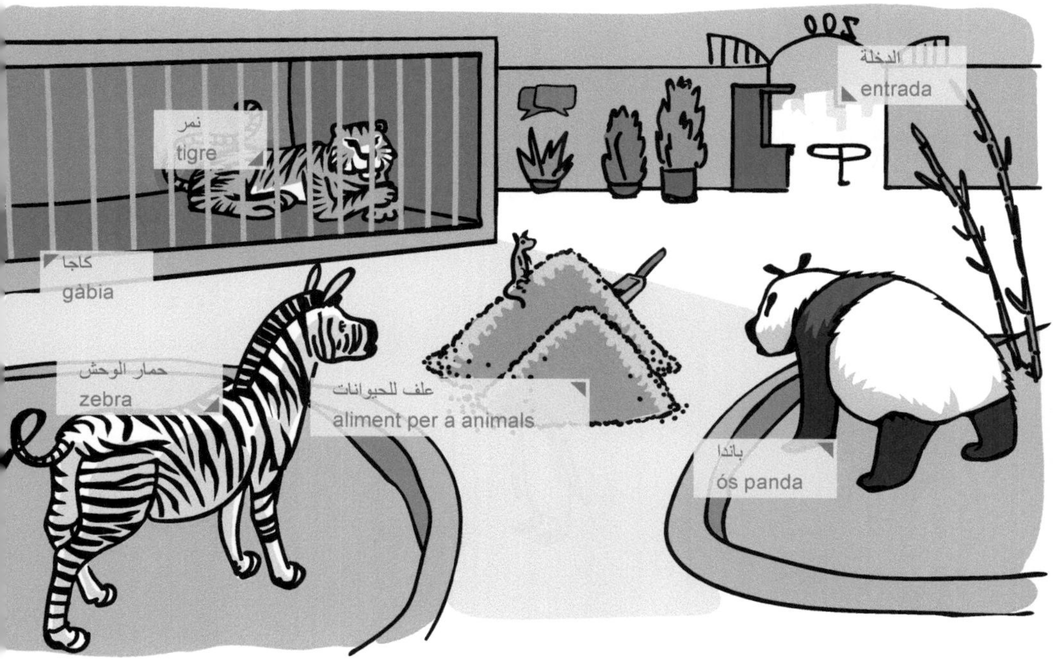
الدخلة
entrada
نمر
tigre
كاجا
gàbia
حمار الوحش
zebra
علف للحيوانات
aliment per a animals
باندا
ós panda

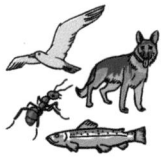

حيوانات

animals

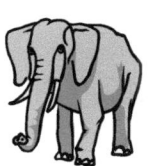

فيل

elefant

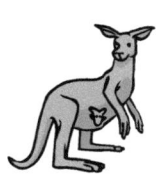

كنغر

cangurú

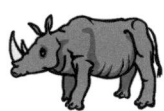

وحيد القرن

rinoceront

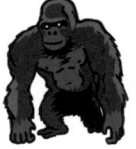

غوريلا

goril·la

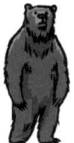

دب

ós

جمل

camell

نعامة

estruç

سبع

lleó

تٹشيطا

simi

فلامونغوز

flamenc

بيروكي

papagai

دب قطبي

ós polar

بطريق

pingüí

سمك القرش

ca mari

طاووس

paó

لفعة

serp

تمساح

cocodril

عساس في حديقة الحيوان

guardià del zoo

عجل البحر

foca

نمر أمريكي مرقط

jaguar

مزق سرف
poni

نمر
lleopard

فرس النهر
hipopòtam

زرافة
girafa

نسر
àliga

خنزير
senglar

حوت
peix

فكرون
tortuga

حيوان فظ البحري
morsa

ثعلب
guineu

غزال
gasela

بالون اميريكا
futbol americà

الركبة تاع البيسكلت
ciclisme

تينيس
tenis

باسكات
bàsquet

العوم
natació

بوكس
boxa

هوكي
hoquei sobre gel

بالون
....
futbol americà

الريشة الطائرة
....
bàdminton

اتلاتيزم
....
atletisme

الهوند
....
handbol

سكي
....
esquí

بولو
....
polo

نشطات

activitats

يضحك
riure
ينقز
saltar
يعنق
abraçar
يمشي
anar
يغني
cantar
ينوم
somiar
يصلي
pregar
يبوس
fer un petó

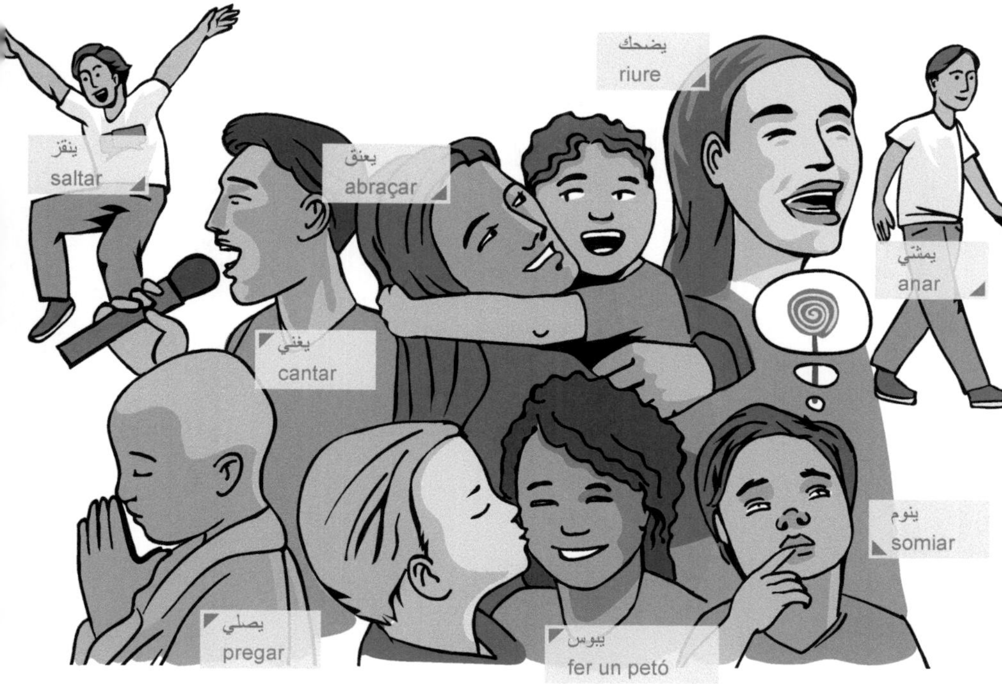

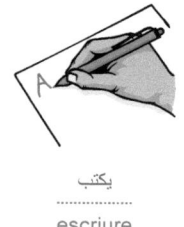

يكتب

escriure

يرسم

dibuixar

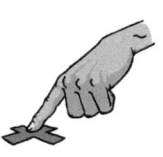

يوري

mostrar

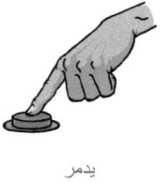

يدمر

pitjar

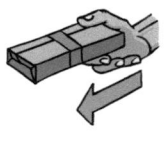

يعطي

donar

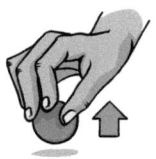

يدي

prendre

يملك

tenir

يخدم

fer

كاين

ésser

يوقف

estar dret

يجري

córrer

يجبد

estirar

يقيس / يرمي

llançar

يطيح

caure

يتكسل

jeure

يشوف

esperar

يرفد

portar

يقعد

asseure's

يلبس

vestir-se

يرقد

dormir

يظونب

despertar-se

يثْوف في

mirar

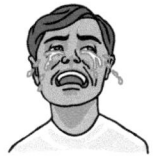

يبكي

plorar

يحك

amoixar

يمشّط

pentinar

يهدر

parlar

يفهم

comprendre

يسقْسي

demanar

يسمع

escoltar

يثْرب

beure

ياكل

menjar

يخمل

endreçar

يبغي

estimar

يطيب

cuinar

يصوق

conduir

يطير

volar

يبحر بالفلوكة

navegar

يحسب

calcular

يقرا

llegir

يتعلم

aprendre

يخدم

treballar

يتزوج

casar-se

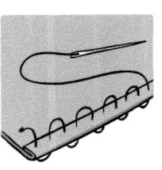

يخيط

cosir

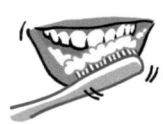

يغسل سنانو

raspallar-se les dents

يكتل

matar

يكمي

fumar

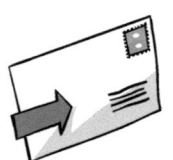

يرسل

enviar

لعايلة
família

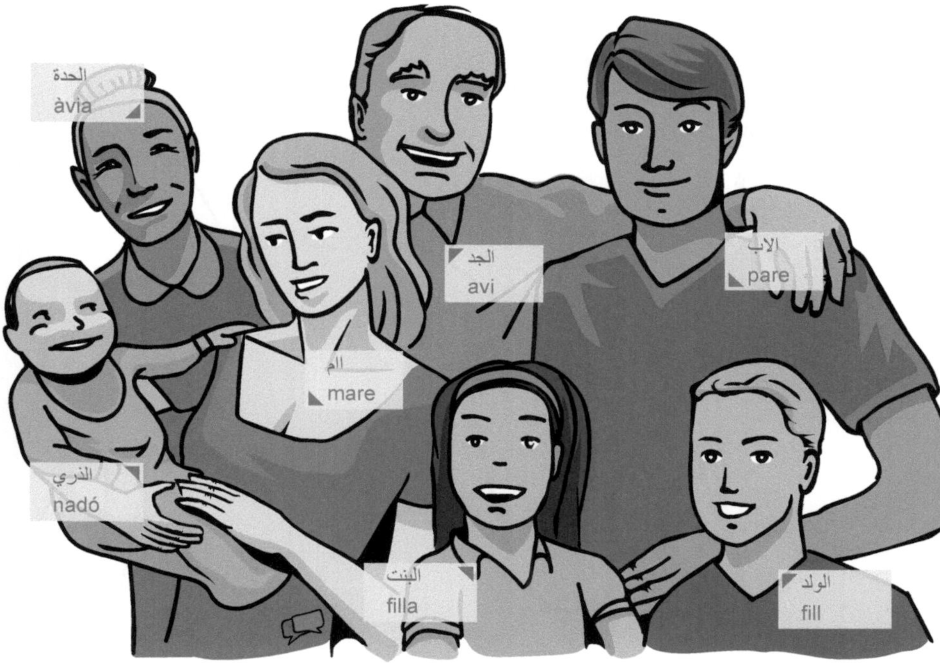

الجدة
àvia
الجد
avi
الاب
pare
الم
mare
الذري
nadó
البنت
filla
الولد
fill

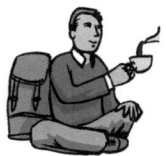

ضيف
....
convidat

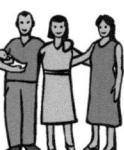

العمة / الخالة
....
tia

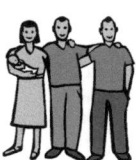

العم / الخال
....
oncle

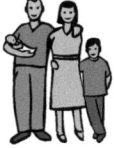

الخو
....
germà

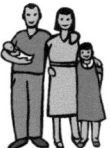

الخت
....
germana

الجسم

cos

الجبهة
front
العين
ull
الكتف
espatlla
صبع
dit
الوجه
cara
اللحية
barbeta
اليد
mà
الساق
cama
الصدر
pit
الذراع
braç

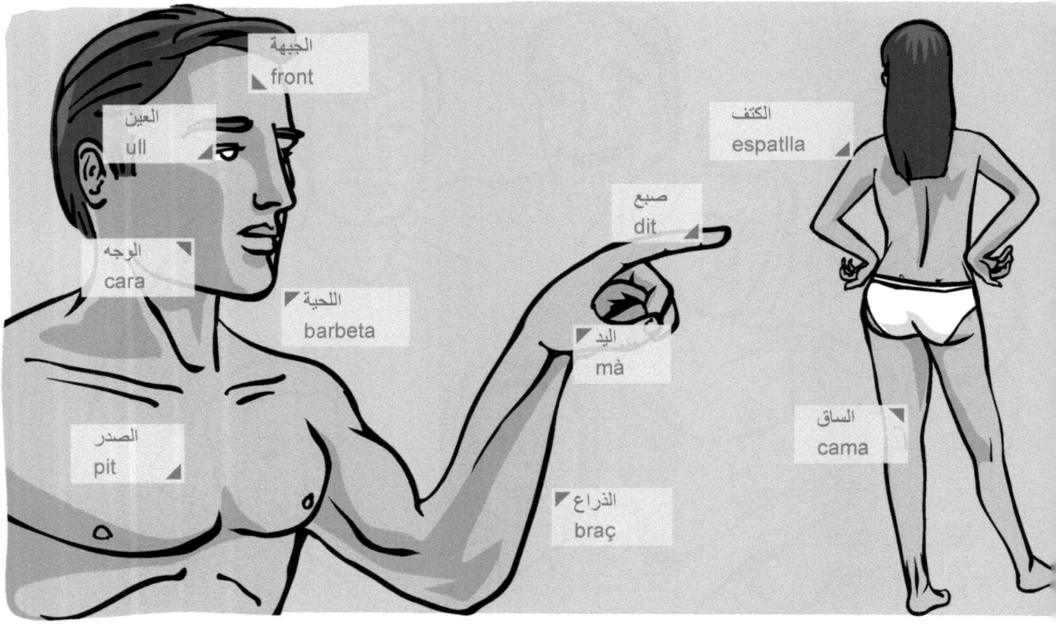

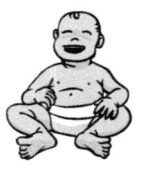

الذري
nadó

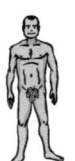

الراجل
home

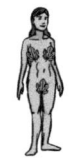

المرا
dona

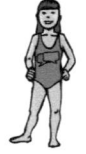

الشيرة، الطفلة
noia

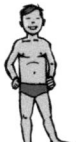

الشير
noi

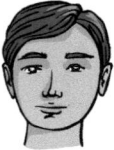

الراس
cap

ظهر

esquena

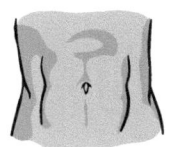

الكرش

panxa

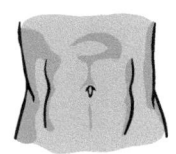

السرة

melic

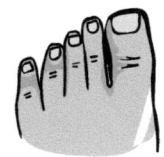

صبع

dit gros del peu

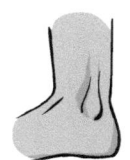

طالون

taló

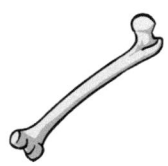

العظم

os

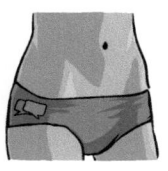

المرادف

maluc

الركبة

genoll

لمرفغ

colze

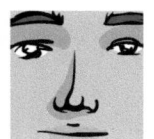

نيف

nas

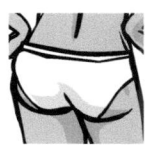

مصاصيط

cul

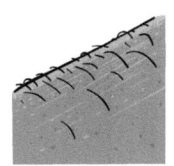

البشرة

pell

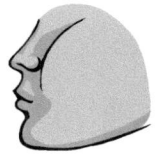

الحنوك

galta

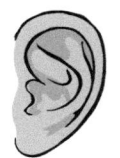

لوذن

orella

شوربـ

llavi

الفم
....
boca

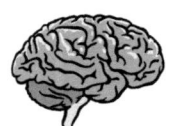

السنة
....
dent

السان
....
llengua

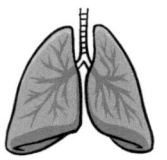

الدماغ
....
cervell

القلب
....
cor

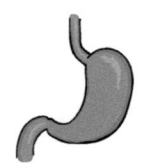

العضلة
....
múscul

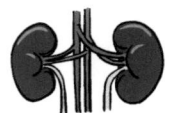

الرية
....
pulmó

الكبدة
....
fetge

لسطوما
....
estómac

ronyó

كلوى
....
ronyó

رابور
....
relació sexual

فيتفرازيرب
....
preservatiu

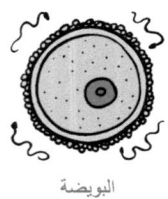

البويضة
....
ovari

سبرم
....
semen

بلكرش
....
prenyat

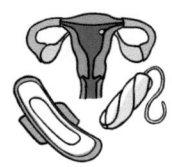

غلاريل

menstruació

المهبل

vagina

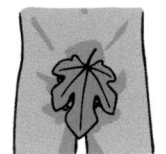

المذاكر

penis

الحاجب

cella

الشعر

cabells

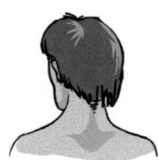

رقبة

coll

سبيطار

hospital

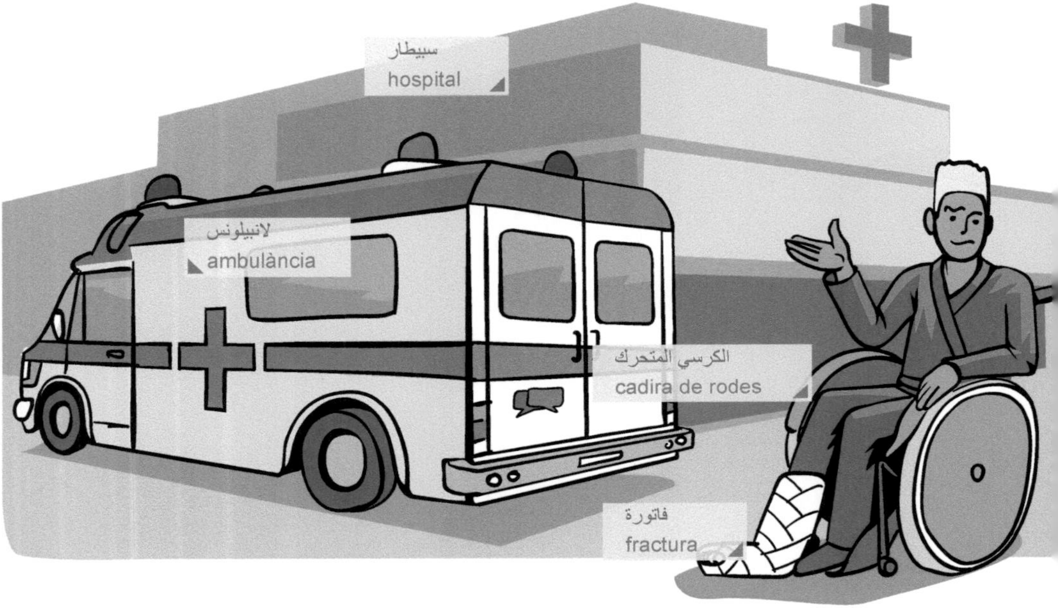

سبيطار
hospital
لانبيلونس
ambulància
الكرسي المتحرك
cadira de rodes
فاتورة
fractura

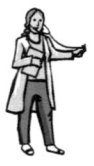

الطبيب

doctora

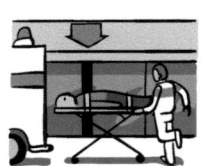

ليزيرجونس

sala d'urgències

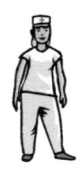

الممرضة

infermera

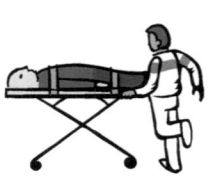

ليرجونس

urgència

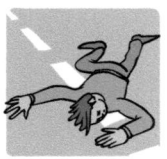

تغاشى

inconscient

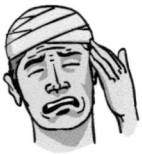

الوجع

dolor

الجرح

ferida

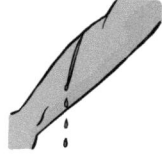

يسل الدم

sagnament

القلب

atac de cor

لافيسي

apoplexia

لالرجي

al·lèrgia

الكحة

tos

الحمة

febre

لاقريب

gripa

الاسهال

diarrea

ميغران

mal de cap

السرطان

càncer

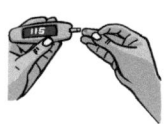

السكر

diabetis

الجراح

cirurgià

مبضع

escalpel

عملية تاع القلب

operació

لاسيتي
....
tomografia computada (TC),
TAC

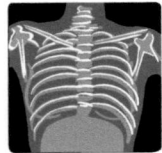

الراديو
....
raigs x

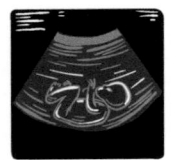

لولتخازرون
....
ultrasò

لماسك
....
mascareta

المرض
....
malaltia

وين يقارعو
....
sala d'espera

العكاز
....
crossa

سكوتش
....
tireta

لبانسما
....
embenat

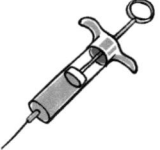

لبرة
....
injecció

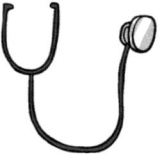

السماعة تاع الطبيب
....
estetoscopi

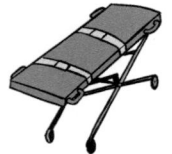

نقالة
....
llitera

لوزنو بيه الحمة
....
termòmetre clínic

زيادة
....
pariment

السمونية
....
sobrepès

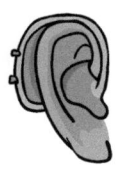

جهاز السمع

aparell auditiu

المعقم

desinfectant

لنفكسون

infecció

الفيروس

virus

السيدا

VIH / SIDA

الدوا

medicina

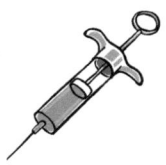

الفاكسان

vaccí

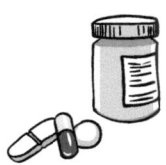

حب الدوا

comprimits

بيلولة

píl·lola

يعيط للنجدة

trucada d'urgència

الجهاز ليقيسو بيه الدم

tensiòmetre

مريض / صحيح

malalt / sà

سلكوني

Socors!

لالارم

alarma

يتَعدادا

assalt

يهجم

atac

دونجي

perill

مخرج الطوارئ

sortida-eixida d'urgència

النار شاعلة

Foc!

لكستانتور

extintor

اكسيدون

accident

فيزة تاع الاسعاف الاولي

farmaciola de primers
auxilis

سلكونا

SOS

لابوليس

policia

أوروبا

Europa

أمريكا الشمالية

Amèrica del Nord

أمريكا الجنوبية

Amèrica del Sud

أفريقيا

Àfrica

آسيا

Àsia

أستراليا

Austràlia

المحيط الأطلسي

Atlàntic

المحيط الهادي

Pacífic

المحيط الهندي

Oceà Índic

المحيط المتجمد الجنوبي

Oceà Antàrtic

المحيط المتجمد الشمالي

Oceà Àrtic

القطب الشمالي

pol nord

القطب الجنوبي
....
pol sud

منطقة القطب الجنوبي
....
Antàrtida

أرض
....
terra

بلاد
....
país

بحر
....
mar

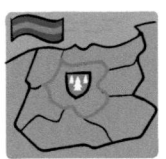

جزيرة
....
illa

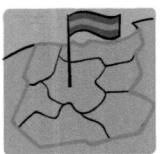

امة
....
nació

دولة
....
estat

ميناء الساعة

quadrant

عقرب الساعات

agulla de les hores

عقرب الدقائق

agulla dels minuts

عقرب الثواني

agulla dels segons

شعلاع راها الساعة؟

Quina hora és?

يوم

dia

زمن

temps

دروك

ara

ساعة رقمية

rellotge digital

دقيقة

minut

ساعة

hora

لثنين
dilluns

لاربعا
dimecres

الجمعة
divendres

TU

TH
السبت
dissabte

SA

SO

الثلاثة
dimarts

لخميس
dijous

الحد
diumenge

لبارح
ahir

اليوم
avui

غدوا
demà

صباح
matí

القايلة
migdia

العشية
tarda

MO	TU	WE	TH	FR	SA	SU
1	2	3	4	5	6	7
8	9	10	11	12	13	14
15	16	17	18	19	20	21
22	23	24	25	26	27	28
29	30	31	1	2	3	4

يامات الخدمة
dia feiner

MO	TU	WE	TH	FR	SA	SU
1	2	3	4	5	6	7
8	9	10	11	12	13	14
15	16	17	18	19	20	21
22	23	24	25	26	27	28
29	30	31	1	2	3	4

ويكاند
cap de setmana

العام

any

النو
pluja
قوس قزح
arc de Sant Martí
ثلج
neu
الريح
vent
الربيع
primavera
الخريف
tardor
الصيف
estiu
الشتا
hivern

4.APRIL 11°
5.APRIL 4°
6.APRIL 13°
7.APRIL 8°
8.APRIL 10°

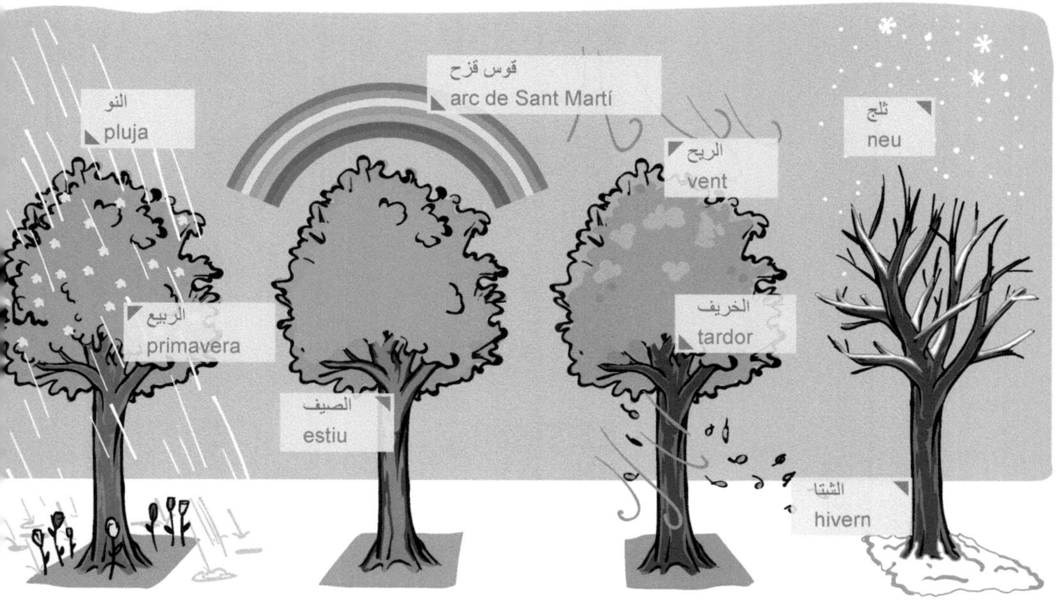

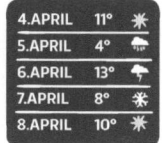

يتنبأ بالحال
....
pronòstic del temps

F C
120 40
90 30
60 20
30 10
0 0
-30 -10
-20

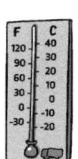

مقياس حرارة
....
termòmetre

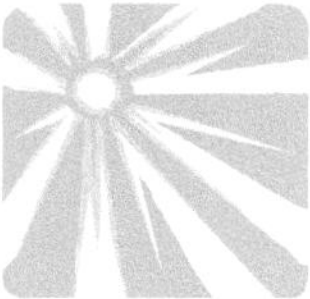

ضوء الشمس
....
llum del sol

سحابة
....
núvol

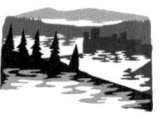

ضباب
....
boira

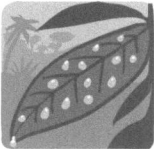

ميديتي
....
humiditat de l'aire

برق

llamp

رعد

tro

عاصفة

tempesta

بَرَد

calamarsa

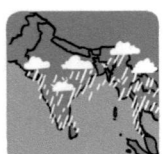

ريح

monsó

طوفان

inundació

جليد

gel

جانفي

gener

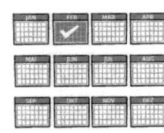

فيفري

febrer

مارس

març

افريل

abril

ماي

maig

جوان

juny

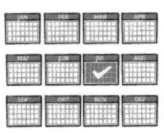

جويلية

juliol

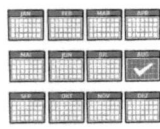

اوت

agost

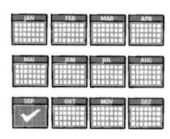

سبتمبر
....
setembre

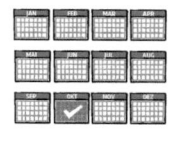

اكتوبر
....
octubre

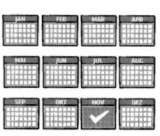

نوفمبر
....
novembre

ديسمبر
....
desembre

دويرة
....
cercle

مربع
....
quadrat

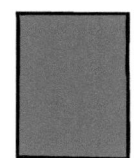

مستطيل
....
rectangle

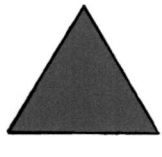

مثلث
....
triangle

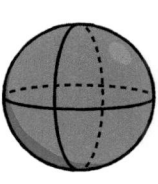

كويرة
....
esfera

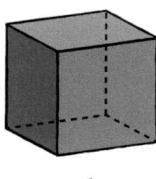

مكعب
....
cub

بيض

blanc

صفر

groc

نّشيني

taronja

روز

rosa

حمر

vermell

حلحالي

lila

زرق

blau

خظر

verd

قهوي

marró

قري

gris

كحل

negre

بزاف / شوية

molt / poc

زعفان / مكالمي

emprenyat / tranquil

شباب / مشي شباب

bonic / lleig

البدية / التالي

començament / fi

كبير / صغير

gran / petit

فاتح / فونسي

clar / fosc

خو / خت

germà / germana

نقي / موسخ

net / brut

كامل / ناقص

complet / incomplet

نهار / اليل

dia / nit

ميت / حي

mort / viu

عريض / ضيق

ample / estret

يقَدو ياكلوه / ميقدروش ياكلوه

comestible / immenjable

شرير / ناس ملاح

dolent / amable

يثير / يمل

entusiasmat / entediat

سمين / رقيق

gros / prim

اللولا / التالية

primer / darrer

الصاحب / لعدو

amic / enemic

معمر / فارغ

ple / buit

قاصح / سوبل

dur / tou

ثقيل / خفيف

pesant / lleuger

جوع / عطش

gana / set

مريض / صحيح

malalt / sà

غير شرعي / شرعي

il·legal / legal

ذكي / مبوقل

intel·ligent / ximple

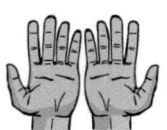

يسار / يمين

esquerra / dreta

قريب / بعيد

prop / llunyà

جديد / مستعمل
....
nou / usat

مكانش / شوية
....
res / quelcom

شيباني / شاب
....
vell / jove

يشعل / يطفئ
....
encès / apagat

محلول / مبلع
....
obert / tancat

بشوية / بلفور
....
silenciós / sorollós

مرفح / زوالي
....
ric / pobre

نيشان / خاطيء
....
correcte / incorrecte

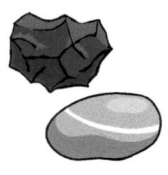

حرش / رطب
....
aspre / suau

زعفان / فرحان
....
trist / content

قصير / طويل
....
curt / llarg

بشوية / بلخف
....
lent / ràpid

مشمخ / ناشف
....
humit / sec - eixut

حامي / بارد
....
calent / fred

القيرة / لامان
....
guerra / pau

نيميرويات

nombres

0
صفر
zero

1
واجد
u

2
زوج
dos

3
ثلاثة
tres

4
ربعة
quatre

5
خمسة
cinc

6
ستة
sis

7
سبعة
set

8
ثمانية
vuit

9
تسعة
nou

10
عشرة
deu

11
شعاد ح
onze

12

شناعث

dotze

13

شطاتلث

tretze

14

شطاباثر

catorze

15

شطاعطسمخ

quinze

16

شطاطس

setze

17

شطعطبعس

disset

18

شطانمثُ

divuit

19

شطاعاست

dinou

20

نورشع

vint

100

ميّة

cent

1.000

ألف

mil

1.000.000

مليون

milió

Ilengües

انقلي
....
anglès

انغلي تاع مريكان
....
anglès americà

لغة الشنوية
....
xinès mandarí

الهندية
....
hindi

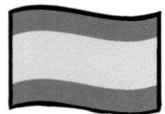

سبينيولية
....
espanyol

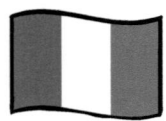

الفرونسي
....
francès

العربية
....
àrab

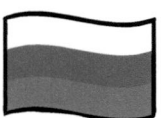

الروسية
....
rus

البوتغالية
....
portuguès

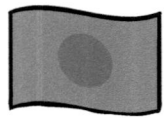

البنغالية
....
bengalí

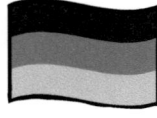

لالمنية
....
alemany

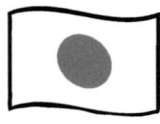

الجابونية
....
japonès

انا

jo

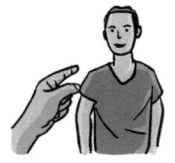

نتا

tu

هو

ell / ella / allò

حنايا

nosaltres

نتوما

vosaltres

هوما

ells

شكون

qui?

واش

què?

كيفاش

com?

وين

on?

وقتاش

quan?

الاسم

nom

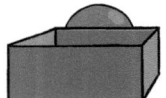

مرول

darrere

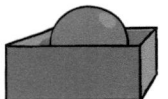

في

en

قدام

davant de

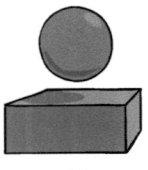

فوق

damunt

على

sobre

تحت

sota

حدا

al costat

بين

entre

بلاصة

lloc